Annette Bayer

Konfirmation

NEUE IDEEN FÜR
- Karten
- Tischdekorationen
- Geldgeschenke

frechverlag

Von Annette Bayer sind im frechverlag weitere Bücher erschienen. Hier eine Auswahl:

TOPP 2156

TOPP 2247

TOPP 2390

Die verwendeten Stempeldesigns sind von den Firmen Creativ Markt Butterer (Deutschland) und Uhlig (Deutschland), © 1998 – alle Rechte vorbehalten. Wir danken diesen Firmen für die freundliche Genehmigung zur Nutzung ihrer Stempel. Sie sind ausschließlich für den privaten, nicht kommerziellen Zweck bestimmt.

Die bei den Stempeln angegebenen Abkürzungen stehen für die einzelnen Hersteller wie folgt:
CMB: Creativ Markt Butterer, Bruchsal
U: Uhlig GmbH, Laudert

Zeichnungen: Elke Heinrich
Fotos: frechverlag GmbH + Co. Druck KG, 70499 Stuttgart; Fotostudio Ullrich & Co., Renningen

Dieses Buch enthält: 1 Vorlagenbogen

Auflage: 5. 4. 3. 2. 1. | Letzte Zahlen
Jahr: 2003 2002 2001 2000 1999 | maßgebend

frechverlag GmbH + Co. Druck KG, 70499 Stuttgart
ISBN 3-7724-2445-7 · Best.-Nr. 2445
Druck: frechverlag GmbH + Co. Druck KG, 70499 Stuttgart

Konfirmation

➤ Möchten Sie die Konfirmation Ihrer Tochter oder Ihres Sohnes in einem besonders festlichen Rahmen feiern?

➤ Suchen Sie eine individuelle Glückwunschkarte zur Konfirmation?

➤ Möchten Sie Geld oder einen Gutschein auf sehr persönliche Weise verschenken?

➤ Oder wollen Sie Nachbarn und Bekannte für Geschenke mit einem ausgefallenen „Dankeschön" an der Haustür überraschen?

Dann werden Sie in diesem Buch viele stilvolle, dem Anlass entsprechende Anregungen finden. Selbstverständlich können Sie die Farben der gezeigten Motive nach Ihrem eigenen Geschmack, beispielsweise passend zur übrigen Tischdekoration, abwandeln.

Ich wünsche Ihnen viel Freude beim Vorbereiten und ein gelungenes Konfirmationsfest!

Ihre

Annette Bayer

MATERIAL

Die im Buch gezeigten Karten sind aus glattem oder geprägtem Fotokarton, Elefantenhaut-Papier oder mit Passepartout-Karten (z. B. von Hobbidee) angefertigt. Zum Gestalten wurden außer Ton- und Pergaminpapier Strohseide, Hologrammfolie und verschiedene Bänder und Kordeln verwendet.

WERKZEUGE UND ARBEITSMITTEL

Vor dem Arbeiten Lineal und Bleistift, Schneideunterlage, Cutter (Bastelmesser) oder Skalpell, Schere, evtl. auch einen Kreisschneider, Alles- oder Kompaktkleber bereitlegen.
Bei einigen Motiven werden außerdem Bürolocher, Lochzange oder spitze dicke Nadel, Zirkel, Blumensteckdraht, Silber- und Goldstifte, Metallschablone, Prägestift, Klebefilm und evtl. ein Leuchttisch verwendet.
Für reliefartige Schriften und Motive werden Embossing-Stempelkissen, -stift und -pulver, entsprechende Stempel sowie eine Heizquelle (Toaster oder spezieller Heißluftfön) benötigt.

SCHABLONEN HERSTELLEN

Um Motive wie Taube und Fisch vervielfältigen zu können werden Schablonen benötigt. Diese können auf unterschiedliche Weise angefertigt werden: Zum Beispiel Transparentpapier auf den Vorlagenbogen legen, das Motiv abzeichnen, das Papier auf ein Stück Karton kleben und die Konturen ausschneiden.
Oder ein Blatt Kohlepapier zwischen Vorlagenbogen und Karton legen, das Motiv mit einem spitzen Bleistift nachfahren und ausschneiden.

PAPIER REISSEN

Es ist der besondere Reiz beim Reißen von Papier, dass jede Form etwas anders ausfällt. Es wird also immer Abweichungen von den im Vorlagenbogen eingezeichneten Reißkanten geben.
Um ohne abzusetzen reißen zu können sollte das Papier ca. 3 cm größer sein als das Motiv. Damit die etwas breitere, unregelmäßige Kante entsteht, muss das Papier in der entsprechenden Richtung gerissen werden (vorher ausprobieren).

EINLEGEBLÄTTER

Die Blätter zum Beschriften werden aus Ton- oder Pergaminpapier 5 mm schmaler als die Karte oder der Geschenkanhänger zugeschnitten und anschließend in der Mitte zum Quer- oder Hochformat gefaltet.
Nach dem Beschriften wird das Blatt in die Karte gelegt, mit einer dünnen Kordel fixiert oder auf der rechten Karteninnenseite neben der Faltkante ca. 5 mm breit eingeklebt.

BESCHRIFTEN

Die handgeschriebenen Schriftzüge werden mit dünnen Gold- oder Silber-Linern, Gold- oder Silber-Pens (Spitze 6 mm), Filz- oder Embossing-Stiften auf das entsprechende Papier geschrieben.
Beim Benutzen eines Embossing-Stifts wird das Embossing-Pulver auf den noch feuchten Schriftzug gestreut, überschüssiges Pulver abgeschüttet und das Geschriebene durch Erhitzen fixiert (siehe Seite 6).
Da Namen unterschiedlich lang sind, ist es besser, beim Anfertigen von Namenskärtchen deren endgültige Größe erst nach dem Beschriften zu bestimmen.

DURCH EINSETZEN DES ENTSPRECHENDEN SCHRIFTZUGS WERDEN AUS EINLADUNGS- UND MENÜKARTEN GANZ EINFACH GLÜCKWUNSCH- ODER DANKEKARTEN.

STEMPELN

Bei der Vorbereitung einer Konfirmation werden häufig viele Einladungen, Menü- und Tischkarten sowie Danksagungen benötigt. Wenn Sie eine größere Zahl Karten herstellen möchten, sind Stempel ideal.

1

Die Position für den vorgesehenen Stempelabdruck auf der Karte markieren. Den Stempelgummi mehrmals mit dem Stempelkissen betupfen, bis dieser gleichmäßig mit Farbe überzogen ist. Anschließend das Motiv abdrucken. Vorsichtshalber einen Probedruck anfertigen.

2

Das Embossing-Pulver auf den noch feuchten Stempelabdruck streuen. Überschüssiges Pulver zuerst auf ein geknicktes Blatt Papier, dann in die Dose zurückschütten. Dabei darauf achten, dass keine Farbkörnchen um das Motiv herum haften bleiben (evtl. mit einem dünnen Pinsel entfernen).

3

Mit Hilfe eines Toasters oder eines speziellen, im Fachhandel erhältlichen Heißluftföns das Pulver vorsichtig zum Schmelzen bringen. Das Motiv direkt unter den Heißluftfön oder mit der Rückseite nach unten über den Toaster halten (nicht auf den Toaster legen!).
Wenn die Pulverschicht glänzt bzw. nicht mehr körnig ist, ist der Schmelzvorgang abgeschlossen und das gewünschte Relief entstanden.

4

Beim Arbeiten immer einen Teller mit einem feuchten Schwammtuch bereitstellen. Darauf können die Stempel zwischendurch abgelegt werden. Nach Abschluss der Arbeit den Stempel so oft auf das Schwammtuch tupfen, bis der Stempelgummi sauber ist. Keine scharfen Reinigungsmittel verwenden!

SIE KÖNNEN AUCH EINEN STEMPEL MIT EINER ÄHNLICHEN SCHRIFT BZW. EINEM ÄHNLICHEN MOTIV VERWENDEN UND SO IHRE KARTEN INDIVIDUELL ABWANDELN.

MENÜ
BEATE

SONNE

- Glatter oder geprägter Fotokarton in Creme und Türkis
- Tonpapier in Blau (evtl. in Türkis oder Grün)
- Strohseide in Grün
- Embossing-Stempelkissen, transparent
- Embossing-Stift, transparent
- Embossing-Pulver in Platin
- Stempel: „Menü" (CBM: I 12 202), „Einladung" (CBM: H 14 902), „Gutschein" (CBM: I 18 904), „Sonne" (U: 9 10 339)
- Toaster oder Heißluftfön

EINLADUNGSKARTE

Aus cremefarbenem Fotokarton ein Rechteck von 20 cm x 14,5 cm Größe und aus blauem Tonpapier (evtl. in Türkis oder Grün) ein Einlegeblatt von 19,5 cm x 14,5 cm zuschneiden. Das cremefarbene Rechteck zur hochformatigen Karte falten. Den Schriftzug auf die Kartenvorderseite stempeln (siehe Vorlagenbogen und Seite 6). Türkisfarbenen Fotokarton in Form reißen (siehe Seite 5) und die Sonne aufstempeln. Grüne Strohseide und blaues Tonpapier ebenfalls in Form reißen. Die gerissenen Teile anhand des Vorlagenbogens oder nach Belieben auf die Vorderseite der Karte kleben. Das Einlegeblatt falten, beschriften und einkleben.

MENÜKARTE

Aus cremefarbenem Fotokarton ein Quadrat von 20 cm x 20 cm und aus blauem Tonpapier (evtl. in Türkis oder Grün) ein Einlegeblatt von 19,5 cm x 20 cm zuschneiden. Das Quadrat zur hochformatigen Karte falten. Den Schriftzug auf die Kartenvorderseite stempeln (siehe Vorlagenbogen und Seite 6). Türkisfarbenen Fotokarton in Form reißen (siehe Seite 5) und die Sonne aufstempeln. Grüne Strohseide und blaues Tonpapier ebenfalls in Form reißen. Die gerissenen Teile anhand des Vorlagenbogens oder nach Belieben auf die Vorderseite der cremefarbenen Karte kleben. Das Einlegeblatt falten, beschriften und einkleben.

TISCHKARTE

Aus cremefarbenem Fotokarton ein 12 cm x 14 cm großes Rechteck zuschneiden und zu einer 12 cm x 7 cm großen Tischkarte (Querformat) falten. Türkisfarbenen Fotokarton in Form reißen (siehe Seite 5 und 6) und die Sonne aufstempeln. Grüne Strohseide ebenfalls in Form reißen. Die gerissenen Teile anhand des Vorlagenbogens oder nach Belieben auf die Karte kleben.
Den Namenszug mit Embossing-Stift und Embossing-Pulver auf die Karte schreiben (siehe Seite 5).

GUTSCHEIN-KARTE

Aus cremefarbenem Fotokarton ein Rechteck von 29 cm x 10 cm und aus blauem Tonpapier (evtl. in Türkis oder Grün) ein Einlegeblatt von 28,5 cm x 10 cm zuschneiden. Das cremefarbene Rechteck zur querformatigen Karte falten. Den Schriftzug auf die Kartenvorderseite stempeln (siehe Vorlagenbogen und Seite 6). Türkisfarbenen Fotokarton in Form reißen (siehe Seite 5) und die Sonne aufstempeln. Grüne Strohseide ebenfalls in Form reißen. Die gerissenen Teile anhand des Vorlagenbogens oder nach Belieben auf die Vorderseite der cremefarbenen Karte kleben. Das Einlegeblatt falten, beschriften und einkleben.

GELDGESCHENK-KARTE

Aus cremefarbenem Fotokarton ein Rechteck von 20 cm x 14,5 cm und aus blauem Tonpapier (evtl. in Türkis oder Grün) ein Einlegeblatt von 19,5 cm x 14,5 cm zuschneiden. Das cremefarbene Rechteck zur hochformatigen Karte falten.

Den Briefumschlag und das Glückwunschkärtchen nach Vorlage zuschneiden, den Umschlag falten und zusammenkleben. Sonne auf den Umschlag stempeln (siehe Seite 6). Grüne Strohseide in Form reißen (siehe Seite 5) und diese zusammen mit dem Briefumschlag auf die Vorderseite der cremefarbenen Karte kleben. Geldschein und beschriftetes Glückwunschkärtchen in den Umschlag stecken. Das Einlegeblatt falten, beschriften und in die Karte einkleben.

LEONIE

MENÜ
JANA
MENÜ

REGEN-BOGEN

- *Glatter oder geprägter Fotokarton in Blau und Weiß*
- *Tonpapier in Rot, Gelb, Grün und Hellblau*
- *Pergaminpapier, blau marmoriert*
- *Drahtkantenband in Weiß, 40 mm breit*
- *Satinband in Rot, Gelb, Grün und Blau, 3-5 mm breit*
- *Blumensteckdraht in Grün*
- *Embossing-Stift, transparent*
- *Embossing-Pulver in Gelb*
- *Lochzange oder spitze, dicke Nadel*
- *Filzstifte in Rot und Blau*
- *Klebefilm*
- *Toaster oder Heißluftfön*

EINLADUNGSKARTE

Aus blauem Fotokarton ein Rechteck von 29 cm x 10 cm und aus Pergaminpapier ein Einlegeblatt von 28,5 cm x 10 cm zuschneiden. Blaues Rechteck zur querformatigen Karte falten. Anhand des Vorlagenbogens den 10,5 cm x 5 cm großen Kartenausschnitt, die bunten Halbkreisringe, das Blatt, die beiden Flügel und den Körper der Taube ausschneiden.

Die Karte mit Embossing-Stift und Embossing-Pulver beschriften (siehe Seite 5). Das Pergaminpapier einkleben.
Die Halbkreisringe unregelmäßig nachschneiden, von Rot über Gelb und Grün nach Hellblau übereinander kleben und auf der Karte fixieren (siehe Vorlage). Die Flügel hinter den Taubenkörper kleben. Auge und Schnabel aufmalen. Den Blattstiel hinter den Schnabel kleben. Die Taube auf dem Regenbogen platzieren.

MENÜKARTEN-RING

Aus blauem Fotokarton einen 24 cm x 7 cm großen Streifen zuschneiden. Diesen der Vorlage entsprechend mit der Lochzange oder einer spitzen, dicken Nadel zweimal lochen, zum Ring schließen und zusammenkleben.
Die bunten Satinbänder unterschiedlich lang (ca. 35-45 cm) zuschneiden. Blaues Satinband durch die Löcher am Ring ziehen, 65 cm weißes Band zur Schleife legen und mit dem blauen Satinband an den Ring knoten.
Die restlichen Satinbänder über die Schleifenmitte legen und mit einem weiteren Knoten einbinden. Abschließend mit dem blauen Satinband eine Schnürsenkelschleife binden.

ANHÄNGER

Aus blauem Fotokarton zwei Streifen von 11 cm x 5 cm und aus Pergaminpapier einen Streifen von 10 cm x 4 cm zuschneiden, gemäß Vorlage jeweils ein 7 cm x 3 cm großes Rechteck ausschneiden. Das Pergaminpapier mit Embossing-Stift und Embossing-Pulver beschriften (siehe Seite 5). Den Schriftzug mit Klebefilm hinter dem Ausschnitt eines Streifens fixieren, den zweiten Streifen auf dessen Rückseite kleben. Den Anhänger mit der Lochzange lochen und lose in eines der Satinbänder knoten.

TISCHKARTE

Aus blauem Fotokarton ein Quadrat von 10 cm x 10 cm und aus Pergaminpapier ein Rechteck von 4 cm x 9 cm zuschneiden. Das blaue Quadrat in der Mitte falten. Mit Hilfe der Vorlage den 8 cm x 3 cm großen Kartenausschnitt, die bunten Halbkreisringe, den Taubenkörper, zwei Flügel und das Blatt ausschneiden. Das Pergaminpapier mit Embossing-Stift und Embossing-Pulver beschriften (siehe Seite 5). Mit Klebefilm hinter dem Ausschnitt fixieren. Zum Anfertigen und Aufkleben von Regenbogen und Taube siehe Einladungskarte.

BLUMENSTECKER

Alle Teile nach Vorlage ausschneiden. Mit dem Bürolocher zwei blaue Augen ausstanzen. Die Augen und den Schnabel sowie einen Flügel vor und einen Flügel hinter dem Taubenkörper ankleben. Den Blattstiel durch den eingeschnittenen Schnabel stecken und festkleben.
Den Draht mit Kompaktkleber an dem Taubenkörper befestigen (Markierung siehe Vorlage). 65 cm weißes Band zur Schleife legen. Rotes Satinband um die Schleifenmitte knoten. Die restlichen Satinbänder mit einem weiteren Knoten einbinden. Die fertige Schleife auf den Draht am Taubenkörper kleben.

Die Anleitung für den Anhänger finden Sie auf Seite 13.

WENN SIE DIE TAUBE IN EINEN MIT KREPP-PAPIER VERKLEIDETEN BLUMENTOPF STECKEN, IST SIE EIN HÜBSCHES „DANKESCHÖN" FÜR GESCHENKE AN DER HAUSTÜR ODER EIN FRÖHLICH BUNTER BLUMENSCHMUCK FÜR IHRE FESTTAFEL.

KIRCHE

- Elefantenhaut-Papier in Beige
- Tonpapier in Dunkelgrün und Blau
- Rest Wellpappe oder Moosgummi
- Embossing-Stempelkissen, transparent
- Embossing-Stift, transparent
- Embossing-Pulver in Gold
- Stempel: „Kirche" (U: 10 10 148)
- Toaster oder Heißluftfön

EINLADUNGSKARTE

Aus Elefantenhaut ein Rechteck von 20 cm x 14,5 cm, aus blauem Tonpapier ein Einlegeblatt von 19,5 cm x 14,5 cm und einen Kreis von 13 cm Durchmesser zuschneiden.
Grünes Tonpapier in Form reißen (siehe Vorlage und Seite 5). Zuerst den Kreis, dann das gerissene Tonpapier auf das Elefantenhaut-Papier kleben und dieses zur hochformatigen Karte falten.
Die Karte mit Embossing-Stift und Embossing-Pulver beschriften (siehe Seite 5). Die Kirche auf Elefantenhaut-Papier stempeln, mit dem Embossing-Pulver bestreuen und den Stempelabdruck durch Hitze fixieren (siehe Seite 6).
Das Papier um die Kirche in Form reißen. Um eine plastische Wirkung zu erzielen, die Kirche mit einem Stückchen Wellpappe, Moosgummi oder Ähnlichem hinterkleben und auf der Karte fixieren. Das Einlegeblatt falten, beschriften und einkleben.

Ihre Einladung bzw. Danksagung wirkt noch stilvoller, wenn Sie die Kirche auch auf den Umschlag stempeln und diesen mit einem Goldstift beschriften.

Menükarte

Aus Elefantenhaut ein Quadrat von 20 cm x 20 cm, aus blauem Tonpapier ein Einlegeblatt von 19,5 cm x 20 cm und einen Kreis von 15 cm Durchmesser zuschneiden. Grünes Tonpapier in Form reißen (siehe Vorlage und Seite 5). Zuerst den Kreis, dann das gerissene Tonpapier auf das Elefantenhaut-Papier kleben und dieses zur hochformatigen Karte falten.
Die Karte mit Embossing-Stift und Embossing-Pulver beschriften (siehe Seite 5). Die Kirche auf Elefantenhaut stempeln, mit dem Embossing-Pulver bestreuen und den Stempelabdruck durch Hitze fixieren (siehe Seite 6).
Das Papier um die Kirche in Form reißen. Um eine plastische Wirkung zu erzielen, die Kirche mit Wellpappe, Moosgummi oder Ähnlichem hinterkleben und auf der Karte fixieren.
Das Einlegeblatt falten, beschriften und einkleben.

Tischkarte

Aus blauem Fotokarton einen Kreis von 13 cm Durchmesser ausschneiden und diesen in der Mitte falten. Das grüne Tonpapier in Form reißen und aufkleben (siehe Vorlage und Seite 5).
Den Namen mit Embossing-Stift und Embossing-Pulver auf die Karte schreiben (siehe Seite 5). Die Kirche auf Elefantenhaut-Papier stempeln, mit dem Embossing-Pulver bestreuen und den Stempelabdruck durch Hitze fixieren (siehe Seite 6). Das Papier um die Kirche in Form reißen. Um eine plastische Wirkung zu erzielen, die Kirche mit Wellpappe, Moosgummi oder Ähnlichem hinterkleben und auf der Karte fixieren.

Danke-Karte

Aus Elefantenhaut ein Rechteck von 29 cm x 10 cm, aus blauem Tonpapier ein Einlegeblatt von 28,5 cm x 10 cm und zwei Halbkreise von 12 cm Durchmesser zuschneiden. Elefantenhaut zur querformatigen Karte falten. Das grüne Tonpapier zweimal in Form reißen und jeweils auf einen Halbkreis kleben (siehe Vorlage und Seite 5). Einen Halbkreis auf die Vorderseite, einen Halbkreis auf die Rückseite der Karte kleben.
Die Karte mit Embossing-Stift und Embossing-Pulver beschriften (siehe Seite 5). Die Kirche auf Elefantenhaut-Papier stempeln, mit Embossing-Pulver bestreuen und durch Hitze fixieren (siehe Seite 6). Das Papier um die Kirche in Form reißen.
Um eine plastische Wirkung zu erzielen, die Kirche mit Wellpappe, Moosgummi oder Ähnlichem hinterkleben und auf der Karte fixieren.
Das Einlegeblatt falten, beschriften und einkleben.

MENÜKARTE
CHRISTIAN

STEPHAN
MENÜ
MENÜ

Werner

FISCH

- *Passepartout-Karten „Rechteck-Form":*
  Einladungskarte, A6 (Hobbidee)
  Menükarte, A5 (Hobbidee)
  Tischkarte, A7 (Hobbidee)
- *Geprägter Fotokarton in Meergrün*
- *3D-Wellpappe in Blau (Karten) und Türkis (Album)*
- *Tonpapier in Türkis*
- *Hologrammfolie in Silber*
- *Silber-Metallic-Liner (z. B. LIQUID SILVER), Silber-Pen*
- *Fotoalbum in passender Farbe*

EINLADUNGSKARTE

(Abbildung Seite 1)

Eine Passepartout-Karte (A6) bereitlegen und ein 20,5 cm x 14,5 cm großes Einlegeblatt aus türkisfarbenem Tonpapier zuschneiden. Grünen Fotokarton in Form reißen (siehe Vorlage und Seite 5). Einen zwei Wellen breiten, 7 cm langen Streifen aus 3D-Wellpappe zuschneiden und den Wellenzwischenraum mit dem Silber-Liner nachfahren. Zuerst den gerissenen Karton, dann die Wellen auf die Kartenvorderseite kleben.
Hologrammfolie auf Karton aufziehen. Den Fisch mittels einer Schablone auf die Rückseite zeichnen und ausschneiden. Das Einlegeblatt falten. Auf dessen Vorderseite den Fisch kleben (Positionierung siehe Vorlage) und den Text mit dem Silber-Liner schreiben. Das Blatt in die Karte kleben.

MENÜKARTE

Eine Passepartout-Karte (A5) bereitlegen, aus türkisfarbenem Tonpapier ein Einlegeblatt von 29,5 cm x 20,5 cm und ein Rechteck von 10 cm x 12 cm zuschneiden. Meergrünen Fotokarton in Form reißen (siehe Vorlage und Seite 5).
Einen drei Wellen breiten, 15 cm langen Streifen aus 3D-Wellpappe zuschneiden und die Wellenzwischenräume mit dem Silber-Liner nachfahren. Hologrammfolie auf Karton aufziehen. Den Fisch mittels einer Schablone auf die Rückseite zeichnen und ausschneiden. Das 10 cm x 12 cm große Rechteck hinter den Kartenausschnitt kleben. Auf der Kartenvorderseite den gerissenen Fotokarton, den Fisch und die Wellen aufkleben (siehe Vorlage).
„Menü" mit dem Silber-Pen auf den meergrünen Fotokarton schreiben. Das Einlegeblatt falten, beschriften und in die Karte kleben.

TISCHKARTE

Passepartout-Karte (A7) bereitlegen. Aus türkisfarbenem Tonpapier ein Rechteck von 9,5 cm x 5 cm zuschneiden, dieses hinter den Kartenausschnitt kleben. Meergrünen Fotokarton in Form reißen (siehe Vorlage und Seite 5). Einen zwei Wellen breiten, 7 cm langen Streifen aus 3D-Wellpappe zuschneiden und den Wellenzwischenraum mit dem Silber-Liner nachfahren. Hologrammfolie auf Karton aufziehen. Den Fisch mittels einer Schablone auf die Rückseite zeichnen und ausschneiden.
Auf der Kartenvorderseite den gerissenen Karton, den Fisch und die Wellen aufkleben (siehe Vorlage). Den Namen mit dem Silber-Liner auf den meergrünen Karton schreiben.

Menü
Mirjam

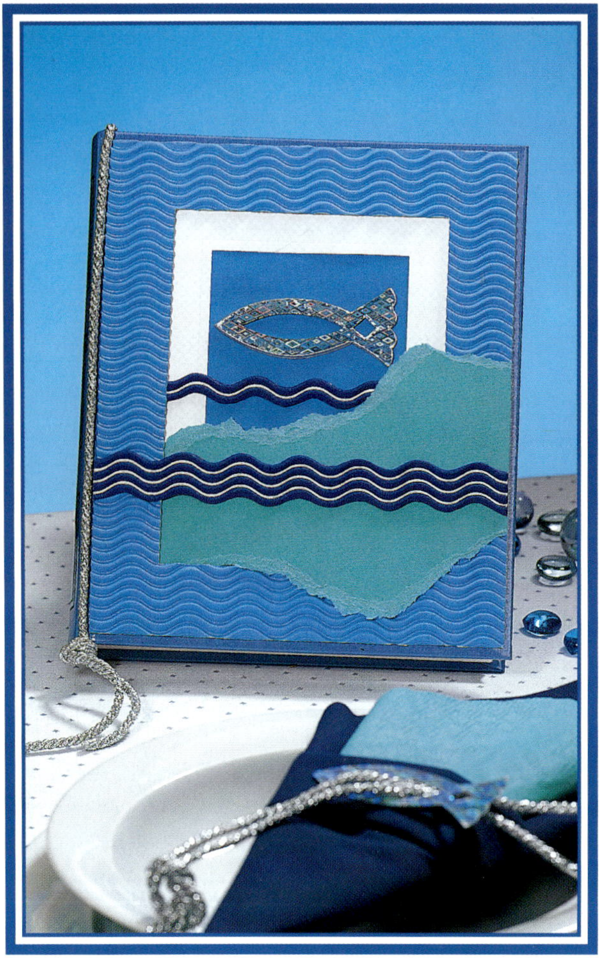

Falls Sie viele Karten anfertigen wollen und nicht so gerne ausschneiden, können Sie die Fischform auch mit einem Silber-Pen (6-mm-Spitze) aufmalen oder mit einem Embossing-Stift und Embossing-Pulver aufbringen (siehe Seite 5).

FOTOALBUM

Für die Vorder- und Rückseite eines farblich passenden Albums (hier ca. 17 cm x 20 cm) jeweils ein Rechteck aus türkisfarbener 3D-Wellpappe zuschneiden, das an allen vier Seiten 5 mm kürzer als das Album ist. Ein Rechteck auf die Rückseite des Albums kleben. Aus dem für die Vorderseite vorgesehenen Rechteck einen hochformatigen Ausschnitt von 11 cm x 14 cm herausschneiden. Die Vorderseite einer Passepartout-Karte (A5) von der Unterkante ausgehend 4 cm kürzen und den Ausschnitt mit türkisfarbenem Tonpapier hinterkleben. Einen zwei Wellen breiten, 11 cm langen und einen vier Wellen breiten, der Albumbreite entsprechend langen Streifen aus blauer 3D-Wellpappe zuschneiden. Die Wellenzwischenräume mit dem Silber-Liner nachfahren. Meergrünen Fotokarton reißen (siehe Vorlage und Seite 5). Hologrammfolie auf Karton aufziehen, den Fisch aufzeichnen und ausschneiden.
Das Passepartout, den Wellpapperahmen, den Fisch, die zwei Wellen, den gerissenen Fotokarton und die vier Wellen auf die Vorderseite des Albums kleben.

Anstelle des Passepartouts können Sie auch aus weissem Fotokarton ein Rechteck von 13 cm x 16 cm zuschneiden und aus diesem ein 9 cm x 12 cm grosses Rechteck herausschneiden. Den Ausschnitt mit türkisfarbenem Tonpapier hinterkleben.

Fang deine Träume!

Traumfänger & Modetrends

Barbara Gilli